Frozen Pops

DAS NEUE EIS AM STIEL

Doro van Zandt

Fotografiert von Iris Kaczmarczyk

Edition
Fackelträger

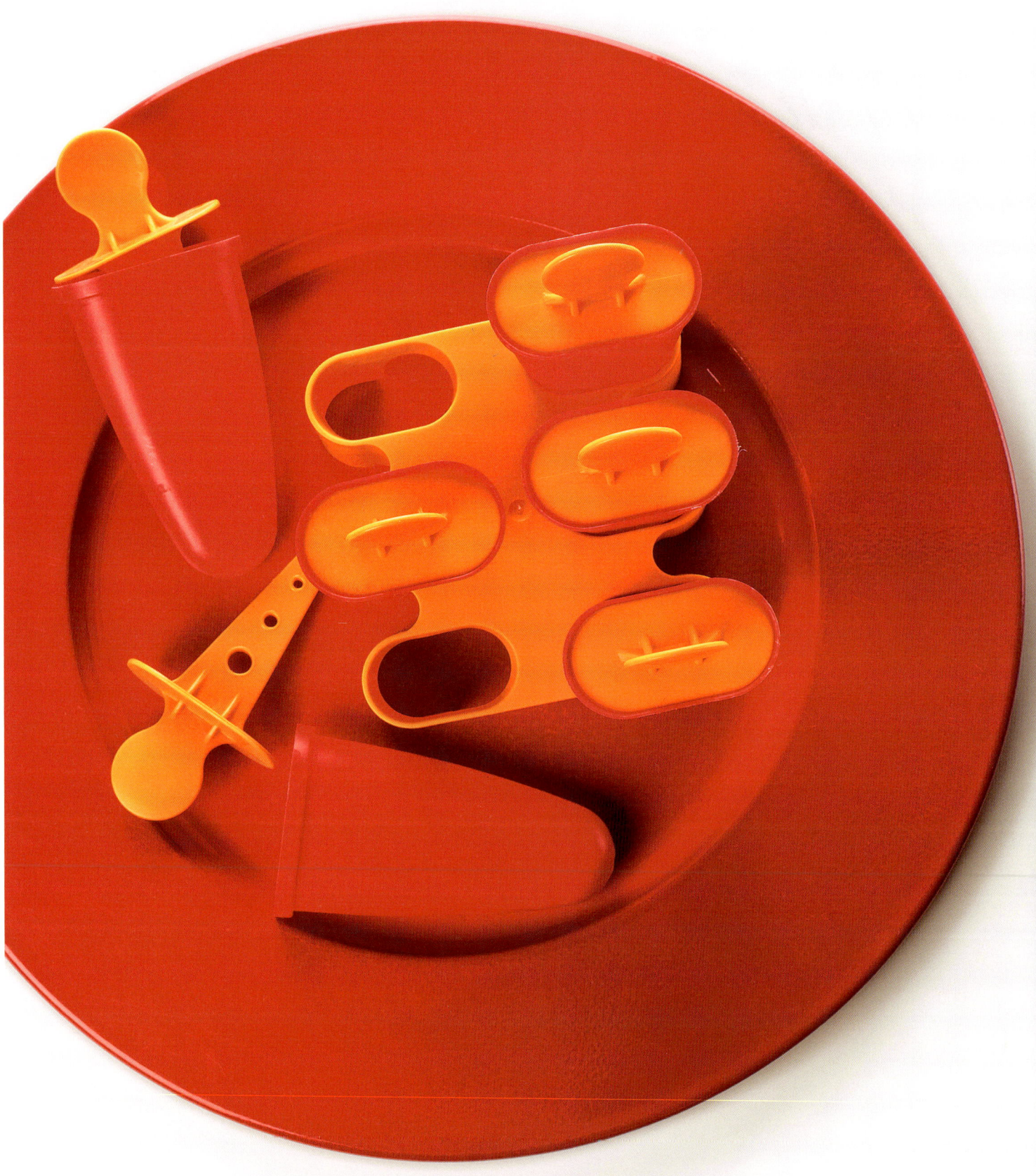

Inhalt

Eine Frage des guten Stiels

Hurra! Eis am Stiel feiert schrille Geburtstage – kaum zu glauben, aber der 100. ist gar nicht mehr so weit! Und die Fangemeinde wächst und wächst und wächst … Aber wie um alles in der Welt kamen Menschen nur darauf, Eis an einen Stiel zu bringen und daran auch noch mit Hochgenuss zu lutschen? Folgende Geschichte ist überliefert: Im Jahre 1905 vergaß der 11-jährige Frank Epperson aus Oakland (Kalifornien) ein halbvolles Limonadenglas mit einem Löffel darin draußen auf der Fensterbank – dummerweise wurde es in dieser Nacht richtig kalt. Das Eis am Stiel war geboren. Jahre später erkannte der Limonadenhändler seine Chance, ließ die Erfindung 1923 patentieren und verkaufte sie unter dem Namen »Popsicle« an eine Firma, die das Produkt auf den amerikanischen Markt brachte. »Popsicles« wurden zu einem Riesenerfolg – das erfrischende Lutschen brachte Millioneneinnahmen. Darauf ließ sich ein weiterer cleverer Amerikaner gefrorenes Vanilleeis mit Schokoladenüberzug patentieren … und die Erfolgsgeschichte nahm weiter ihren Lauf.

Eis am Stiel ist heute in allen Altersgruppen begehrter denn je. Die Geschmacks-, Form- und Farbvariationen sind ohne Zahl und die Stiele inzwischen einheitlich aus Buchenholz, ein stabiles Material, das weder splittert noch bricht.

ICE POPS MEET IPODS

Die Entwicklung steht nicht still: Jetzt kommt eiskalt die neue Generation der Kinder- und Jugendträume am Stiel. Probier- und improvisationsfreudig, unternehmungslustig, neugierig, unvoreingenommen, dynamisch-querdenkend eben – so ist die junge Genießer-Generation. Selbst versuchen und kreativ werden – das ist ihr Credo. Und dieses Credo gilt beim Eis natürlich auch für alle Junggebliebenen. Alles, was schmeckt, wird »vereist« und das sogar mit überraschenden Inhalten, mit neuen, ungewöhnlichen Zutaten. Das Ergebnis ist frostig und umwerfend stark im Geschmack. Ob süß, sauer, schrill, schräg – der Fantasie sind keine Grenzen gesetzt. Wir zeigen, wie es geht und bringen Sie auf den Geschmack – ausprobieren müssen Sie selbst!

Ran an den Stiel und das Fach in der Tiefkühltruhe freihalten!

Coole Pops nicht nur für heiße Tage

Laufen Sie nicht in sommerlicher Sonnenglut bis zum nächsten Supermarkt oder Kiosk! Suchen Sie nicht auf Eiskarten nach den immer gleichen Standard-Stängchen – zu klein? zu groß? zu teuer? zu langweilig?! »Vereisen« Sie doch einfach Ihre Lieblingszutaten in farbenfrohen frechen Kreationen, so vielfältig, wie es Ihnen Spaß macht, und genießen Sie sie, wann immer Sie wollen. Bei selbst gemachten Frozen Pops bestimmen Sie die Form, die Größe, die Konsistenz, die Aromen und die Farbigkeit ganz nach Anlass, Jahres- oder Tageszeit und Gelüsten. Vor allem aber auch die Zutaten und damit den Zucker- oder Fettgehalt: Kinder freuen sich über einzigartige kunterbunte Eislollys mit gesundem hohem Fruchtanteil, Erwachsene genießen auf der sommerlichen Gartenparty den exklusiven Riesen-Cooler mit beschwingendem, gehaltvollerem Inhalt.

ZUTATEN UND KÜCHENUTENSILIEN

Manchmal ist weniger mehr: Unsere Zutatenlisten sind kurz, denn gute Zutaten bringen ihr eigenes intensives Aroma mit, das sich beim genussvollen Schlecken so richtig entfaltet. Die Zutaten sollten durchweg frisch und makellos sein, Sie werden es schmecken! Sehr reife Früchte verfügen über so viel Fruchtzucker, dass die Zugabe von nur wenig weiterem Zucker notwendig ist. Je mehr Zucker Sie verwenden, desto weicher wird das Eis, das gleiche gilt für Alkohol. Je mehr Fett verwendete Milchprodukte enthalten, desto cremiger wird das Eis, Fett ist zudem ein guter Geschmacksträger. Aber Vorsicht, das Eis sollte noch Halt am Stiel haben und nicht zu süß oder zu »nass« sein. Achten Sie bei der Zubereitung unbedingt auf Reinlichkeit, damit sich keine Bakterien einschleichen.

Um Frozen Pops zuzubereiten, benötigen Sie keine Eismaschine – können Sie aber natürlich verwenden. Die entsprechend anderen Zubereitungs- und Kühlzeiten entnehmen Sie bitte dann den Anleitungen für Ihre Maschine. Wir halten es ganz einfach, von den benötigten Utensilien haben Sie ohnehin das meiste im Haushalt: Rührschüsseln, ein Mixgerät oder einen Pürierstab, einen Quirl, ein Schneidbrett, Löffel, Messer und Gabeln, ein Sieb, Formen zum Einfrieren und Stiele. Die Zubereitung ist denkbar leicht – hier dominiert der Spaßfaktor!

FORMEN UND STIELE

Im gut sortierten Handel gibt es inzwischen eine große Auswahl an Eisformen in guter Qualität. Für welche Form auch immer Sie sich entscheiden, achten Sie darauf, dass das Material gefrierfähig ist, geeignet sind etwa Formen aus Kunststoff oder Silikon. Die Formen sollten zumindest für Anfänger nicht zu kleinteilig sein, damit die Pops unversehrt gelöst werden können. Der positive Nebeneffekt: Weniger kleinteilige Formen sind auch leichter zu reinigen. Viel spannender aber sind Eisformen, die keine sind oder waren und mit denen sich die verrücktesten Pop-Motive zaubern lassen: Backformen, Eiswürfelformen, Sektgläser aus Kunststoff, Pralinenförmchen, Halbkugeln, (gut gereinigte) Joghurt- oder Puddingbecher… Ihrer Fantasie sind keine Grenzen gesetzt – nutzen Sie eiskalt, was Ihnen gefällt.

Eisstiele sind für gewöhnlich aus Buchenholz oder Plastik, auch sie gibt es im gut sortierten Handel zu kaufen. Lassen Sie aber auch hier Fantasie walten und benutzen Sie Gabeln, witzige Cocktailspieße, Zimtschoten und vieles mehr als »Stiel«. Achten Sie aber darauf, dass Ihr »Stiel« lang genug, nicht zu dünn, sondern stabil und keinesfalls scharfkantig ist. Legen Sie die Stiele unbedingt mittig und möglichst gerade, auch in der Höhe tief genug, ein. Die Pops sollten nicht zu groß und zu schwer für den Stiel sein. Kleine Pops servieren Sie ohne Stiel wie Konfekt, dafür aber in großer Anzahl.

VORBEREITEN UND SERVIEREN

Schon aus der Vorbereitung können Sie ohne Aufwand einen kleinen Event machen: Das Gefrierfach im Kühlschrank räumen und genug Vorräte wegnaschen, um Platz für die Pops zu schaffen, Früchte selber ernten oder auf dem Bio-Hof oder Markt aussuchen, nach abgefahrenen Eisformen Ausschau halten und vor allem sämtliche Utensilien und Zutaten, die Sie benötigen, zurecht legen. Dann können Sie mit den Freunden oder den Kindern rühren, wilde Fruchtmuster in die Förmchen legen, Farben kombinieren und sich Verzierungen ausdenken. Zum Servieren die Pops aus den Förmchen lösen – oder auch nicht. Haben Sie besonders hübsche Förmchen, lassen Sie die Gäste sich doch selbst betätigen. Zum leichteren Lösen hilft bei Bedarf sehr wenig warmes Wasser. Die Pops vor dem Servieren im Kühlschrank etwas antauen lassen, damit sie schon auf Genusstemperatur gebracht werden. Theoretisch halten Frozen Pops etwa 6 bis 8 Wochen im Gefrierfach, härten jedoch dabei aus – am besten frisch innerhalb weniger Tage genießen. Unsere Pops verlassen das Kühlfach unter Garantie innerhalb kürzester Zeit! Und wieder ist Platz für rote, grüne, blaue ….

Die Portionsangaben sind lediglich Vorschläge und beliebig: Wir bieten große und kleine Pops an, Sie können aber statt weniger großer Pops mehrere kleine aus der Zutatenmenge portionieren. Ebenso bleibt es ganz Ihrem persönlichen Geschmack überlassen, mehr oder weniger zu würzen, zu süßen, andere Früchte zu verarbeiten, mehr oder weniger Sahne zu verwenden, Alkohol zuzugeben oder nicht. Machen Sie einfach einen »Testlauf« – Probieren geht über Studieren.

Viel Spaß beim Erfinden und Genießen!

Die

Fruchtigen

MIT BUNTEN FRÜCHTEN VON ANANAS BIS ZITRONE

Brombeereis am Stiel

Die Brombeeren putzen und waschen.

Die Hälfte der Früchte beiseitelegen. Die übrigen Beeren durch ein Sieb passieren und den Saft auffangen. Alternativ mit einem Entsafter arbeiten.

Den Puderzucker unter die ganzen Früchte rühren und danach pürieren. Für einen möglichst kernfreien Eisgenuss das Püree durch ein Sieb streichen. In einer Schüssel Fruchtpüree und Säfte mit dem Kardamom verrühren.

In die Förmchen füllen, die Stiele einlegen und die Fruchtcreme glatt streichen. Über Nacht gefrieren lassen.

Für 6 Portionen: 500 g frische Brombeeren · 6 EL Puderzucker · 500 ml Brombeersaft (Fertigprodukt oder frisch) · ½ TL gemahlener Kardamom

Am besten einen kleinen Eimer voll frisch gepflückter Brombeeren verwenden oder beim Bauern schon fertig gezupfte Beeren kaufen – so erhält man das volle Fruchtaroma.

Erdbeer-Sahne-Pops

In einem Topf 400 g Zucker in 100 ml kochendem Wasser auflösen. In der Zwischenzeit das Eiweiß mit 100 g Zucker steif schlagen. Den gelösten Zucker (Läuterzucker) nach und nach zugießen und bis zum Abkühlen weiter schlagen.

In den Baiserschaum dann die Erdbeeren einrühren. Die Sahne schlagen und unter das Erdbeerbaiser rühren.

Die Creme in die Formen streichen und die Stiele in die Eisformen legen. Die Creme gut glatt streichen und für mindestens 5 Stunden in das Gefrierfach geben.

TIPP: Wer mag, kann etwas Sahne vor dem Gefrieren über das Eis tropfen lassen – das gibt einen spannenden Effekt!

Für 4 Portionen: 500 g Zucker · 250 g Eiweiß (7–8 Eier) · 150 g Erdbeeren, geputzt und klein geschnitten · 60 g Sahne

Eiskalter Fruchtgenuss pur.

Himbeer-Pops

Die Himbeeren waschen und mit dem Puderzucker mischen. Die Mischung durch ein Sieb streichen, um die kleinen Körner zu entfernen. Mit dem Himbeersaft verrühren.

Die Physalis halbieren und in die Eisförmchen verteilen, darauf das Himbeerpüree geben.

Den Stiel hineinstecken, das Fruchtpüree glatt streichen und die Förmchen über Nacht in das Gefrierfach geben.

Zum Genießen das Eis am Stiel aus der Form lösen: Ist die Form so kalt, dass sich das Eis nicht einfach löst, die Form kurz unter warmes Wasser halten.

Für 6 Portionen: 200 g Himbeeren · 4 EL Puderzucker · 500 ml Fruchtsaft · 100 g Physalis (Andenbeeren)

Kiwi-Zitronen-Eis

Die Kiwis schälen, in kleine Stücke schneiden und in eine Schüssel geben. Die Schale der Zitrone abreiben und den Saft auspressen, beides zu den Kiwistücken geben.

Joghurt und saure Sahne zufügen und alles fein pürieren. Die Sahne sehr steif schlagen und mit dem Puderzucker unter die Fruchtcreme ziehen.

Die Creme in Formen füllen, Stiele hineinstecken und die Formen für ungefähr 5 Stunden ins Gefrierfach geben.

Für 8 Portionen: 8 Kiwis · 1 unbehandelte Zitrone · 250 g Vollmilchjoghurt · 150 g saure Sahne · 250 g Sahne · 100 g Puderzucker

Die »chinesische Stachelbeere« – die Kiwi stammt ursprünglich aus China – enthält reichlich Vitamin C, Vitamin E und wenig Kalorien.

Himbeer-Orangen-Würfel

Die Himbeeren waschen, vier bis sechs Früchte beiseitelegen. Die übrigen Früchte fein pürieren und das Püree gut mit den übrigen Zutaten vermischen.

   In Würfelformen nicht ganz bis zum Rand füllen und dann vorsichtig die ganzen Himbeeren jeweils in die Formen setzen.

   Für mindestens 5 Stunden gefrieren lassen.

Für 4–6 Portionen: 250 g frische Himbeeren · 750 ml Orangensaft · 100 ml Himbeersirup · 300 g Rohrzucker · 2 TL Honig · 1 Spritzer Zitronensaft

Dieses erfrischende Eis-Pop macht Lust auf mehr. Als Förmchen dienen hier Fingerfood-Behälter – seien Sie kreativ bei der Auswahl der Formen!

Sweet Grapefruits

Die Grapefruit halbieren. Das Fruchtfleisch aus einer Hälfte herauslöffeln, dabei das Fruchtfleisch auch von den weißen Häutchen befreien.

Die zweite Hälfte der Grapefruit in Frischhaltefolie wickeln und in den Kühlschrank legen, damit sie nicht austrocknet.

In einem Krug die Grapefruitfilets mit dem Grapefruitsaft mischen und dann beides pürieren. Kleine Fruchtfasern dürfen ruhig erhalten bleiben. Den Puderzucker einrühren und alles mit Mineralwasser auffüllen.

In Formen füllen und diese für mindestens 5 Stunden ins Gefrierfach legen.

Zum Servieren von der übrigen Grapefruit vier dekorative Scheiben abschneiden und als »Teller« verwenden.

TIPP: Besonders gut sieht das Grapefruiteis aus, wenn Sie es in Plastiksektgläsern gefrieren und die eiskalten »Sektflöten« in die Grapefruits stecken – das gibt Bonuspunkte für den Gastgeber!

Für 4 Portionen: 1 rosafarbene Grapefruit · 150 ml Grapefruitsaft · 50 g Puderzucker · 300 ml Mineralwasser

Himbeermus-Herzen

Die Himbeeren zerdrücken und leicht pürieren. Den Sirup und den Puderzucker zufügen.

Das süße Püree mit Mineralwasser auffüllen, gut verrühren und vorsichtig in die Förmchen geben.

Für mindestens 5 Stunden einfrieren und auf zerstoßenem Eis servieren.

Für 4 Portionen: 500 g Himbeeren, geputzt · 200 ml Himbeersirup · 100 g Puderzucker · 50 ml Mineralwasser · zerstoßenes Eis nach Belieben

Wählen Sie Pralinenförmchen in Herzform. Sie sind ein echter Hinkucker – und ihr Inhalt ein köstlicher Hinschmecker.

Pfirsich-Sauerrahm-Pops

Die Pfirsiche halbieren und den Kern entfernen. Bis auf zwei Pfirsiche alle häuten. Alle Pfirsiche klein schneiden.

Die Vanilleschote auskratzen und das Mark mit dem Zucker sowie den kleingeschnittenen Pfirsichen (die beiden Pfirsiche mit Haut hier ebenfalls verwenden, die Haut gibt einen besonders fruchtigen Touch) mischen. In einer Kasserolle mit der Hälfte der sauren Sahne für gut 5 Minuten dünsten, dann abkühlen lassen.

Die Sahne kräftig schlagen und mit der übrigen sauren Sahne und dem Pfirsichmus gut vermengen.

In Formen füllen, Stiele einlegen und für mindestens 5 Stunden einfrieren. Dann kann geschleckt werden!

Für 4 Portionen: 1 kg frische saftige Weinbergpfirsiche · 1 Vanilleschote · 150 g Zucker · 150 g saure Sahne · 150 g Sahne

Mango-Frucht-Pops

Die Mangos schälen und das Fruchtfleisch um den Kern herum abschneiden, in Würfel schneiden.

Mit Zucker, Zitronensaft und Mangosaft grob pürieren.

In Förmchen füllen, Stiele einstecken und für mindestens 5 Stunden frieren lassen.

Für 4 Portionen: 400 g Mangofruchtfleisch (etwa 2 Mangos) · 60 g Zucker · 2 EL Zitronensaft · 150 ml Mangosaft

Mangoeis aus frischen Früchten kühlt in einem heißen Sommer besonders vitaminreich und köstlich.

Himbeer-Sahne

In einem Topf 400 g Zucker in 100 ml kochendem Wasser auflösen. In der Zwischenzeit das Eiweiß mit 100 g Zucker steif schlagen. Den gelösten Zucker (Läuterzucker) nach und nach zugießen und bis zum Abkühlen weiter schlagen.

In den Baiserschaum dann die Himbeeren einrühren. Von der Sahne 60 g schlagen und unter das Himbeerbaiser rühren.

Die übrige Sahne mit dem Puderzucker süßen und nur etwas anschlagen, sodass die Sahne eine sämige Konsistenz bekommt. Von dieser Sahne 4 EL beiseitestellen.

Eisformen zuerst zu einem Drittel mit der angeschlagenen Sahne füllen und für 2 Stunden ins Gefrierfach stellen. Herausnehmen und das Himbeerfruchtbaiser darübergeben. Für 3 weitere Stunden gefrieren lassen.

Zum Abschluss auf jedes Förmchen etwa 1 EL von der angeschlagenen Sahne träufeln und kurz zum finalen Gefrieren ins Gefrierfach oder die Kühltruhe legen.

Für 4 Portionen: 500 g Zucker · 250 g Eiweiß (7–8 Eier) · 70 g Himbeeren, geputzt · 260 g Sahne · 100 g Puderzucker

Als Eisform verwenden Sie am besten Joghurtbecher. Das Schöne – neben der Wiederverwertung – daran ist: Sie sind meistens vorhanden. Die etwas zeitaufwendigere Arbeit zahlt sich aus: Sieht nicht nur super aus, schmeckt auch super!

Wassermelone-Johannisbeer-Smilies

Die Wassermelone in Segmente schneiden, die Kerne entfernen und das Fruchtfleisch aus der Schale schneiden. Die Johannisbeeren waschen und, wenn nötig, die kleinen Stiele abzupfen.

In einer Kasserolle die Früchte mit dem Limettensaft und dem Zucker kurz aufkochen. Dann pürieren und Chili unterrühren. Kleine Johannisbeerstückchen wirken später im Eis sehr dekorativ.

Abkühlen lassen und den Fruchtsirup unterrühren. Das Fruchtpüree in dekorative Förmchen füllen und diese über Nacht, mindestens aber für 5 Stunden, frieren lassen.

Für 4 Portionen: 400 g Wassermelone · 100 g schwarze Johannisbeeren · 2 EL Limettensaft · 60 g Zucker · 1 Prise Chili · 2 EL Fruchtsirup nach Wahl

In Mexiko sind Wassermelone und Chili eine beliebte Kombination, weil sie sehr gut abkühlen.

Erdbeer-Frucht-Pops

Die Erdbeeren putzen und waschen, vier große Erdbeeren beiseitelegen.

Die restlichen Erdbeeren zerkleinern und mit dem Mineralwasser sowie dem Fruchtsirup pürieren. Den Puderzucker mit dem Zitronensaft verrühren und zum Erdbeermus geben.

Die vier verbliebenen Erdbeeren in gleichmäßige Scheiben schneiden.

Die Eisformen mit dem Fruchtmus füllen und die Erdbeerscheiben obenauf legen.

Die Stiele vorsichtig einschieben und alles für mindestens 5 Stunden gefrieren – fruchtig-eisig-bunt ist das Resultat.

Für 4 Portionen: 600 g frische Erdbeeren · 50 ml Mineralwasser · 200 ml Fruchtsirup nach Belieben · 50 g Puderzucker · 1 TL frisch gepresster Zitronensaft

Pomelo-Herzen

Die Pomelo von ihrer dicken Schale befreien und die Fruchtsegmente filetieren. Die Pomelo-filets bis auf vier Stück für die Dekoration klein schneiden und mit etwas Orangensaft pürieren.

Anschließend den übrigen Orangensaft mit dem Puderzucker verrühren und zum Pomelo-fruchtmix geben. Es macht nichts, wenn einige Fruchtfasern übrig bleiben, sie geben beim Schlecken ihren herb-fruchtigen Geschmack frei.

In Pralinenförmchen füllen und für mindestens 5 Stunden gefrieren. Mit Pomelofilets dekoriert servieren.

Für 4 Portionen: 1 dicke Pomelo · 750 ml Blutorangensaft · 150 g Puderzucker

Die dicke Pomelo ist eine Kreuzung aus Grapefruit und Pampelmuse, die aus Israel stammt. Von November bis April ist die beste Zeit, sie zu genießen.

Mandarinen-Cubes

Die Mandarinen schälen und filetieren. Einige Mandarinenfilets für die Dekoration beiseite-legen.

Die übrigen frischen Mandarinenfilets mit den Mandarinen und dem Saft aus der Dose fein pürieren.

In den Orangensaft den Puderzucker und den Vanillezucker einrühren, dann mit dem Pü-ree vermischen. In Formen füllen und für mindestens 5 Stunden einfrieren.

TIPP: Kleine Eiswürfel-Formen aus Kunststoff verwenden, es gibt sie in jedem gut sortierten Getränkemarkt. In die Pops bunte Spieße hineinpieksen, so lässt sich das Fruchteis wunder-bar abknabbern.

Für 8 Portionen: 1 kg Mandarinen (oder Clementinen, sie haben keine Kerne) ·
1 kleine Dose Mandarinen · 500 ml Orangensaft · 150 g Puderzucker · 1 P. Vanillezucker

Rosen-Hagebutten-Frosties

Die Zutaten mit einem Rührgerät gut durchmischen.
In Kugelformen füllen und für mindestens 5 Stunden einfrieren.

Für 4 Portionen: 250 g Hagebuttenmarmelade · 100 ml Rosenwasser ·
200 g Vanillejoghurt · 1 Prise Zimt

Eine überraschende Hochsommer-Alternative zum Marmeladentoast.

Kiwi-Frucht-Pops

Die Kiwis schälen und zwei der Früchte beiseitelegen.

Die beiden übrigen Kiwis zerkleinern und mit dem Mineralwasser und dem Fruchtsirup pürieren. Den Puderzucker mit dem Limettensaft verrühren und zu dem Kiwipüree geben.

Die beiden ganzen Kiwis in gleichmäßige Scheiben schneiden.

Die Eisformen mit dem Fruchtpüree füllen und die geschnittenen Fruchtscheiben oben auf das Püree legen. Die Stiele vorsichtig einschieben und alles für mindestens 5 Stunden gefrieren.

Für 4 Portionen: 4 saftige reife Kiwis · 50 ml Mineralwasser · 200 ml klarer Fruchtsirup · 100 g Puderzucker · 1 EL Limettensaft

Eiskalt knacken die Kiwikerne beim Lutschen!

Die (nicht nur)

Naturgrünen

MIT GEMÜSE, KRÄUTERN & GEWÜRZEN

Avocado-Pops

Die Avocados halbieren und die Kerne entfernen, zwei Hälften für die Dekoration beiseitelegen. Die Zitronenmelisse waschen, trocken schütteln und von zwei der Stängel die Blätter
abzupfen, beiseitelegen.

Das Fruchtfleisch der übrigen beiden Avocadohälften aus den Schalen löffeln und fein pürieren. Das Avocadopüree mit dem Mascarpone, der Sahne und dem Limettensaft gut verrühren. In die Creme das Mark der Vanilleschote, den Pfeffer, den Zucker und das Salz einrühren.
Zum Schluss den Muskat unterziehen.

Die von den zwei Stängeln abgezupften Melisseblätter und den Cointreau nach Belieben
gut unter die Creme rühren und diese in Eisförmchen füllen. Der dritte Stängel dient zur
Dekoration beim Servieren. Die Stiele nicht vergessen!

Das Fruchtfleisch der Dekorations-Avocadohälften kann am nächsten Tag fein püriert
gegessen werden.

Für 4 Portionen: 2 reife Avocados · 3 Stängel Zitronenmelisse · 100 g Mascarpone · 50 g Sahne ·
3 EL Limettensaft · 1 Vanilleschote · ½ TL frisch gemahlener weißer Pfeffer · 1 TL Zucker ·
1 Prise Salz · 1 Prise frisch geriebener Muskat · 2–4 cl Cointreau

*Nach gut 5 Stunden ist die Vitaminbombe
kalt genug. Eine feurige Erfrischung!*

Gurken-Kräuter-Gazpacho

Die Salatgurke schälen und die Kerne entfernen. Die Gurke fein würfeln. Die Kräuter putzen, waschen und trocken schütteln.

In einer Kasserolle die Gurkenwürfel mit der Gemüsebrühe für 10 Minuten köcheln. Währenddessen die Kräuter zerzupfen bzw. fein schneiden. Den Knoblauch schälen und hacken. Kräuter und Knoblauch zu den Gurkenwürfeln geben und alles für weitere 5 Minuten köcheln, dann abkühlen lassen.

Die Buttermilch und den Meerrettich zufügen und gut unterrühren. Mit Muskat, Salz und Pfeffer abschmecken und alles im Mixer fein pürieren.

In vorbereitete Eisformen füllen und über Nacht oder für mindestens 5 Stunden einfrieren.

Für 4 Portionen: 1 Salatgurke (alternativ 3–4 Minigurken) · ½ Bund gemischte Kräuter für Grüne Sauce · (Borretsch, Kerbel, Kresse, Petersilie, Pimpinelle, Sauerampfer, Schnittlauch) · 150 ml Gemüsebrühe · 1 Knoblauchzehe · 330 g Buttermilch · ½ TL frisch geriebener Meerrettich · 1 Prise Muskat · Salz · frisch gemahlener Pfeffer

Bei einer sommerlichen Gartenparty ist diese »Grüne Sauce am Stiel« eine erfrischende Vorspeise.

Zucchini-Pops

Die Zucchini waschen und vier gleich große Scheiben abschneiden, beiseitelegen. Vom Rest der Zucchini die Schale in Streifen abschälen und die Zucchini in feine Stückchen schneiden. Von den Stückchen 1 EL für die Dekoration beiseitelegen.

Die übrigen Zucchinistückchen mit der Kokosmilch, 70 g Zucker, Schale und Saft der Limette aufkochen, danach abkühlen lassen. Den Backofen auf 100 °C vorheizen.

In einem kleinen Topf 100 ml Wasser mit 100 g Zucker aufkochen, bis sich der Zucker gelöst hat. Die vier beiseitegelegten Zucchinischeiben in diesem Läuterzucker schwenken, dann auf ein mit Backpapier bedecktes Blech legen. Im Backofen für etwa 30 Minuten trocknen lassen.

In der Zwischenzeit die Zucchini-Kokosmilch-Mischung fein pürieren und in Formen füllen. Mit den leicht kandierten Zucchinischeiben abdecken und die Stiele hineinstecken. Rund um die Stiele gehackte Zucchinistückchen dekorieren.

Das Gemüseeis über Nacht, mindestens aber für 5 Stunden, ins Gefrierfach legen.

Für 4 Portionen: 1 schlanke Zucchini · 500 ml Kokosmilch · 170 g Zucker · 1 unbehandelte Limette

Rote-Bete-Holunder-Pops

Die Roten Beten fein würfeln. Dazu Handschuhe tragen, damit sie nicht färben. Die Äpfel vierteln, schälen, entkernen und grob würfeln.

In einer Pfanne die Butter zerlassen. Apfel- und Rote-Bete-Würfel darin anschwitzen, salzen, pfeffern und zuckern. Den Holundersaft und 500 ml Wasser aufgießen und alles für 30 Minuten zugedeckt köcheln, dann abkühlen lassen.

In Förmchen füllen und im Gefrierfach über Nacht oder mindestens für 5 Stunden einfrieren.

Für 4 Portionen: 600 g gegarte Rote Bete · 2 mittelgroße süße Äpfel · 1 EL Butter · frisch gemahlener Pfeffer · 1 EL Zucker · 250 ml Holundersaft · Salz

Eine überaus farbenfrohe und erfrischende Vorspeise für ein Sommermenü, die sicher manch einen zum Nachahmen anregt.

Süße Minipaprika-Cooler

Die kleinen Paprika sortieren: Gelbe und orangefarbige Paprika zusammen verarbeiten, rote separat verarbeiten.

Alle waschen, putzen und in schmale Streifen schneiden. Die gelben und orangefarbigen Paprika mit dem Orangensaft, die roten mit dem Tomatensaft pürieren – nicht miteinander mischen! In beide Pürees jeweils die Hälfte der Gewürze geben.

Die Eisformen zu einem Drittel mit einem Püree füllen und für 1 Stunde einfrieren, dann das andersfarbige Püree einfüllen, wieder einfrieren, zuvor aber Stiele oder Strohhalme einlegen. Darauf wieder vom ersten Püree einfüllen und für mindestens 4 Stunden einfrieren.

Sie können nach Belieben schichten – je schmaler die Farbschichten, desto interessanter der optische Effekt.

Für 4 Portionen: 1 kg süße bunte Minipaprika · 250 ml Orangensaft · 250 ml Tomatensaft · 1 TL Rosenpaprika · 180 g Rohrzucker · 2 Msp. Chili

Die farbenfrohe Komposition und der intensive Geschmack lohnen die etwas aufwendigere Zubereitung.

Gurken-Feigen-Apfel-Eis

Die Limetten auspressen und den Saft in eine Schüssel gießen. Die Kaktusfeigen vorsichtig aus ihren Schalen löffeln – die Kerne können ebenfalls verwendet werden. Fruchtfleisch und Kerne in den Limettensaft geben.

Die Äpfel schälen, vierteln, entkernen, pürieren und auch zum Früchte-Saft-Mix geben. Die Gurke schälen, halbieren, entkernen und pürieren. Das Gurkenmus auch unter den Früchtemix rühren.

Die Minze waschen, trocken schütteln und die abgezupften Blättchen sehr fein schneiden. Unter das Früchtemus heben. Zum Schluss den Puderzucker darübersieben und alles sehr gut vermischen.

In Formen füllen, Stiele einlegen und für mindestens 5 Stunden gefrieren lassen.

Für 4 Portionen: 4 Limetten · 2 reife Kaktusfeigen · 4 süße, saftige Äpfel · 1 Gurke · 2 Stängel frische Minze · 200 g Puderzucker

Die süß-säuerliche Kombination verspricht einen besonders intensiv kühlenden Genuss!

Frozen Basilikum-Joghurt

Das Basilikum waschen, trocken schütteln und die Blätter abzupfen. Grob hacken und in eine Schüssel geben. Die Minze ebenfalls waschen, trocken schütteln und die abgezupften Blätter hacken. Zum Basilikum geben.

Die Zitrone auspressen und den Saft mit dem Puderzucker zum Kräutermix geben. Den Joghurt unterrühren und alles fein pürieren. Zum Schluss den Pfeffer zufügen.

In Formen füllen, Stiele einlegen und für mindestens 5 Stunden zum Gefrieren in das Eisfach geben.

Für 4 Portionen: 1 Bund frisches Basilikum · 4 Stängel Minze · 1 Zitrone · 150 g Puderzucker · 600–700 g Naturjoghurt · 1 Prise frisch gemahlener weißer Pfeffer

Minze und Basilikum haben besonders erfrischende Aromen – dieser Frozen Pop kühlt nachhaltig an besonders heißen Tagen!

Petersilie-Sahne-Pops

Die Petersilie waschen, trocken schütteln und die Blättchen abzupfen. Vier Blättchen für die Dekoration beiseitelegen.

Die restlichen Petersilienblätter fein hacken und mit einem Schuss Sahne cremig pürieren. Den Rest der Sahne schlagen und gut untermischen.

Den Puderzucker unterrühren. Die Vanilleschote auskratzen und das Mark mit den anderen Gewürzen vorsichtig unterheben.

In Förmchen füllen und jeweils ein Petersilienblatt dekorativ auflegen. Die Stiele einlegen und die Pops für mindestens 5 Stunden einfrieren.

Für 4 Portionen: 1 Bund glatte Petersilie · 400 g Sahne · 150 g Puderzucker · 1 Vanilleschote · 1 Prise gemahlener Kardamom · 1 Prise gemahlener Muskat · 1 Prise gemahlene Nelken

Ein sehr pikantes Eiserlebnis!

Tomaten-Dill-Pesto am Stiel

Die Tomaten über Kreuz einschneiden, mit heißem Wasser überbrühen und häuten. Halbieren und entkernen. Die Tomaten klein schneiden und mitsamt dem ausgetretenen Saft pürieren. Mit dem Tomatenketchup mischen, den Zitronensaft zugeben, salzen und pfeffern.

Den Dill und die Petersilie waschen, trocken schütteln, die Blätter abzupfen und alles klein schneiden. Mit dem Öl fein pürieren. Die Pistazien fein hacken und zu den pürierten Kräutern geben. Zum Schluss das Pesto mit einer ordentlichen Prise Muskat würzen.

In Formen gießen, die Stiele einlegen und zum Einfrieren ins Eisfach legen. Nach 5 Stunden ist diese Eiskreation fertig.

Für 4 Portionen: 1 kg reife fleischige Tomaten · 3 EL Tomatenketchup · frisch gepresster Saft von 1 Zitrone · 6 Stängel Dill · 4 Stängel Petersilie · 2 EL Öl · 100 g Pistazienkerne · 1 Prise Muskat · Salz · frisch gemahlener schwarzer Pfeffer

Dill hat ein zitroniges Aroma, das schon in geringen Mengen die milde Tomate belebt. Eine tolle Alternative zu gekühlter Tomatensuppe!

Tomaten-Minze-Sahne-Shorties

Die Tomaten waschen, halbieren und die Kerne entfernen. Klein schneiden und grob pürieren.

Die Petersilie waschen und trocken schütteln, zwei Stängel für die Dekoration beiseitelegen. Von den anderen beiden Stängeln die Blätter abzupfen, fein hacken und mit einem Schuss Sahne fein pürieren.

Die übrige Sahne schlagen, dabei den Puderzucker einrieseln lassen.

Alles miteinander mischen und die Gewürze unterrühren. In Förmchen füllen, Stiele einlegen und mindestens 5 Stunden gefrieren.

Für 4 Portionen: 500 g Cocktailtomaten · 4 Stängel Petersilie · 400 g Sahne · 150 g Puderzucker · 1 Prise Kardamom · 1 Prise Muskat · 1 Prise Nelke

Das pikante Eiserlebnis!

Oliven-Pistazien-Buttermilch

Einige Oliven für die Dekoration beiseitelegen. Die übrigen mit dem Öl fein pürieren. Die Pistazienkerne hacken, zum Olivenpesto geben und nochmals pürieren.

Das Pesto mit der Buttermilch verrühren, Zitronensaft, Zucker und Pfeffer zugeben.

In Formen füllen, Stiele einlegen und mindestens 5 Stunden gefrieren. Mit Oliven dekoriert servieren.

Für 4 Portionen: 250 g entsteinte grüne Oliven · 3 EL gutes Öl · 25 g Pistazienkerne · 250 g Buttermilch · Saft von 1 Zitrone · 1 EL Zucker · 1 Prise Pfeffer

Mit mehr Oliven und Pistazien zum Dazuknabbern reichen.

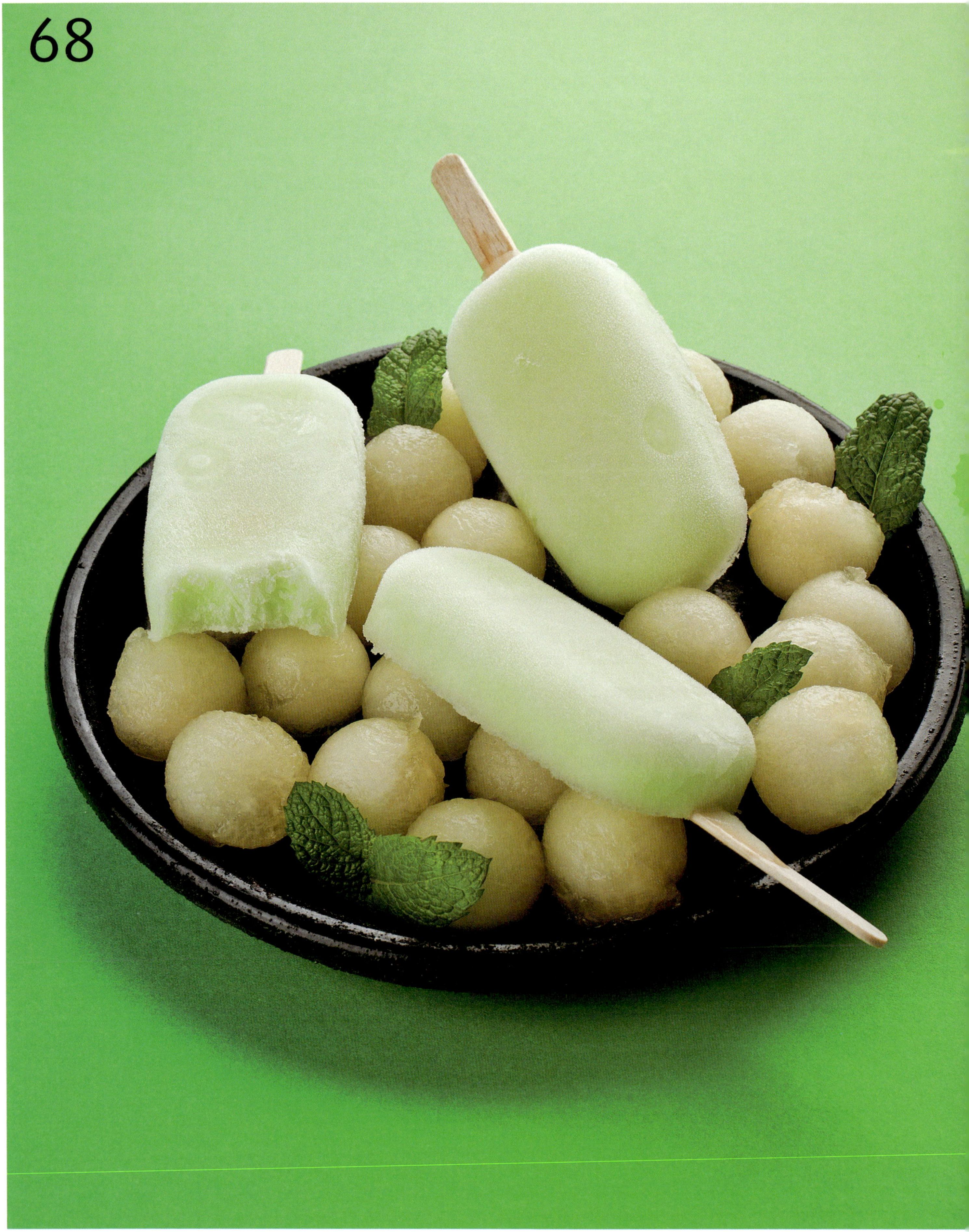

Melone-Melisse-Pops

Die Melonen zunächst halbieren, dann in Segmente schneiden und von Schale und Kernen befreien. Das Fleisch einer Frucht klein würfeln und in eine Schüssel geben. Aus dem Fruchtfleisch der anderen Melone kleine Bällchen stechen und kalt stellen.

Die Melisse waschen, trocken schütteln und die abgezupften Blätter hacken. Die Limette auspressen. Melisse, Limettensaft, Zucker und Mandeln unter die Melonenwürfel rühren. Den Joghurt zufügen und alles fein pürieren.

In Formen füllen und Stiele einlegen. Für mindestens 5 Stunden zum Gefrieren in das Eisfach geben. Die Pops mit den Melonenkugeln servieren.

Für 4 Portionen: 2 Cantaloupe-Melonen · 4 Stängel Melisse · 1 Limette · 100 g Zucker · 100 g gemahlene weiße Mandeln · 500 g Naturjoghurt

Die Melonen gehen mit Mandeln, Melisse und Limette eine ungewöhnliche Geschmacksverbindung ein, deren Aromen den Gaumen sanft verwöhnen.

Kürbis-Ingwer-Orangen-Eis

Den Kürbis waschen, in Segmente schneiden, entkernen und dann klein würfeln.

Den Ingwer schälen und in die Milch reiben.

In einer Kasserolle die Hokkaido-Würfel mit der Milch aufkochen und für 15 Minuten köcheln. Abkühlen lassen.

In der Zwischenzeit die Kürbiskerne in einer heißen Pfanne ohne Fett rösten und danach fein mörsern. Kürbiskerne, Zimt und Honig unter die Kürbis-Milch-Mischung rühren. Zum Schluss den Orangensaft einrühren.

In Formen füllen, Stiele einlegen und für mindestens 5 Stunden gefrieren lassen.

Für 4 Portionen: 400 g Hokkaido-Kürbis · 2 cm frischer Ingwer · 100 ml Milch · 1 EL Kürbiskerne · 1 TL Zimt · 1 EL Honig · 150 ml Orangensaft

Eine gelungene Alternative zur Kürbissuppe – schmeckt nicht nur im Herbst.

Coole Orangen-Tomaten-Tapas

Die Tomaten über Kreuz einschneiden, mit heißem Wasser überbrühen und häuten. Danach halbieren und entkernen. Das Tomatenfleisch klein schneiden und mit der Hälfte des Mineralwassers pürieren. Salzen, pfeffern und zuckern.

Die Orangen schälen, entkernen, filetieren und grob würfeln. Mit der anderen Hälfte des Mineralwassers pürieren. Auch dieses Püree salzen, pfeffern und zuckern.

Den Safran in der Gemüsebrühe auflösen und die Flüssigkeit jeweils zur Hälfte in das Tomatenpüree und in das Orangenpüree rühren.

Separat in Förmchen füllen und im Gefrierfach für mindestens 4 bis 5 Stunden einfrieren.

Für 16 kleine Portionen: 600 g reife Tomaten · 250 ml Mineralwasser · 2 mittelgroße Orangen · ½ TL Safranpulver · 250 ml Gemüsebrühe · Salz · frisch gemahlener Pfeffer · Zucker

Für diese Eisspeise brauchen wir besondere Förmchen, die es aber in jedem gut sortierten Getränkemarkt gibt. Eine ganz neue Art, Tapas zu servieren!

Eisiger-Apfel-Kräuter-Käse

Die Äpfel schälen, vierteln und entkernen. Fein reiben und mit etwas Zitronensaft beträufeln – das verleiht ein frisches Aroma und das Fruchtfleisch verfärbt sich nicht bräunlich.

Den Frischkäse gut durchrühren und den restlichen Zitronensaft unterheben. Mit den geriebenen Äpfeln und den Mandeln vermischen. Zum Schluss Muskat darüberreiben.

In Formen füllen, Stiele einlegen und für mindestens 5 Stunden einfrieren.

Für 4 Portionen: 4 große süß-säuerliche Äpfel · 1–2 EL Zitronensaft · 250 g Kräuterfrischkäse · 100 g gemahlene Mandeln · 1 Prise frisch geriebener Muskat

Mit diesem »Brotzeiteis« überraschen Sie Ihre Gäste beim Brunch!

Tomaten-Erdbeer-Pops mexikanisch

Die Tomaten über Kreuz einschneiden, mit heißem Wasser überbrühen und häuten. Halbieren und entkernen.

Die Tomaten klein schneiden, das Fleisch mitsamt dem austretenden Saft und mit dem Erdbeersirup pürieren. Ketchup und die geriebene Schokolade unterrühren. Mit Mineralwasser auffüllen, salzen und pfeffern.

In Formen gießen, Stiele einlegen und zum Einfrieren ins Eisfach legen. Nach 5 Stunden ist diese Eiskreation genussfertig.

Für 4 Portionen: 1 kg reife fleischige Tomaten · 150 ml Erdbeersirup · 2 EL Ketchup · 1 EL geriebene Zartbitterschokolade · 500 ml Mineralwasser · 1 Prise Salz · frisch gemahlener Pfeffer

Ein leichtes After-Work-Überraschungseis!

Die

Prozentigen

FRÖHLICHER SCHWUNG DURCH PIÑA COLADA & CO

Bloody-Mary-Pops

Alle Zutaten gut vermischen und zum Einfrieren in Formen gießen. Die Stiele einlegen und die Formen über Nacht in den Gefrierschrank geben.
Zum Servieren mit Selleriegrün garnieren.

Für 4 Portionen: 300 ml Tomatensaft · 200 ml frisch gepresster Orangensaft · 200 ml frisch gepresster Zitronensaft · 10 cl Wodka · 2 TL Worcestersauce · 10 Spritzer Tabasco® Sauce · 1 TL Selleriesalz · 1 TL frisch geriebener Meerrettich · 4 kleine Stiele Selleriegrün zur Dekoration

Eine Bloody Mary genießt man für gewöhnlich erst nach 18.00 Uhr. Wir sind so frei und gönnen sie uns als frozen drink an einem heißen Sommertag im Garten schon zum Brunch.

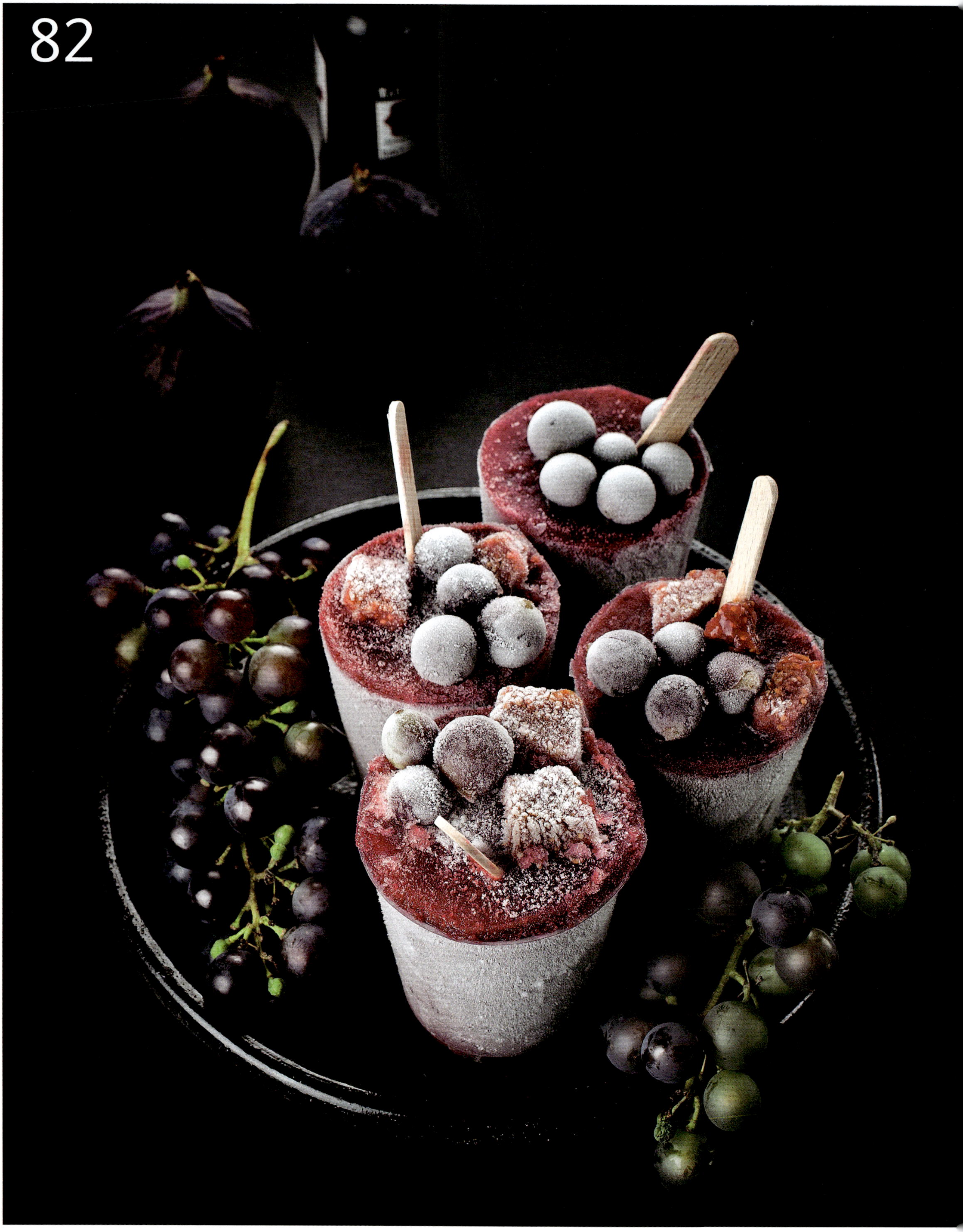

Feigen-Trauben-Malaga eiskalt

Die Feigen schälen und das Fruchtfleisch in Scheiben schneiden. Einige für die Dekoration aufheben.

Die Trauben halbieren, zuvor einige Trauben für die Dekoration beiseitelegen. Feigen und Trauben in einer Rührschüssel mit dem Traubensaft und dem Rohrzucker mischen. Pfeffer darübermahlen. Ist das Eis nicht für Kinder und Jugendliche bestimmt, kann, wer mag, noch Malaga dazugeben. Alles miteinander mit einem Stabmixer fein pürieren.

In Formen füllen und einfrieren. Zum Dekorieren die restlichen Trauben und die klein geschnittene Feigenscheibe auf das Eis legen.

4 Portionen: 4 Feigen · 500 g kernlose blaue Trauben · 500 ml blauer Traubensaft · 1 EL Rohrzucker · 1 TL frisch gemahlener weißer Pfeffer · Malaga-Süßwein nach Belieben

Ananaseis mit Piña Colada

Eine Ananas der Länge nach halbieren, eine der Hälften in der Mitte aushöhlen und das Fruchtfleisch von Fasern und Strunk befreien, beiseitestellen. Beide Hälften zugedeckt kühl stellen.

Die zweite Ananas schälen, das Fleisch zunächst in Scheiben, dann in kleine Stücke schneiden. Dabei den Strunk entfernen.

Das gesamte klein geschnittene Fruchtfleisch der Ananas langsam und vorsichtig durch-pürieren. Durch ein grobes Sieb drücken, sodass die groben Fasern im Sieb bleiben. Das so gewonnene Fruchtpüree mit dem Saft und dem Puderzucker fein pürieren und in Becher-förmchen geben. Die Stiele hineinstecken und alles für mindestens 5 Stunden tiefgefrieren.

Zum Servieren die Ananashälften anrichten: In die ausgehöhlte Ananashälfte die eiskalte Piña Colada füllen und dekorativ Strohhalme hineinstecken. In der anderen Ananashälfte das hineingesteckte Eis servieren.

Für 4 Portionen: 2 frische Ananas · 400 ml Ananassaft · 6 EL Puderzucker · 150 ml kalte Piña Colada

Bananeneis mit Eierlikör

Drei Bananen schälen und klein schneiden, zusammen mit dem Bananensaft und 100 ml Eierlikör fein pürieren. In die vorbereiteten Förmchen füllen, allerdings noch etwas Platz lassen.

Die übrige Banane schälen und in dünne Scheiben schneiden, in die gefüllten Eisformen geben. Dann die Eisstiele vorsichtig einlegen und für mindestens 5 Stunden ins Gefrierfach stellen.

Für 4 Portionen: 4 Bananen · 250 ml Bananensaft · 200 ml Eierlikör

Der restliche Eierlikör verspricht als Dip beim Eislutschen zusätzlichen Genuss.

Kokosnuss on the beach

Für eine Party mit Südsee-Feeling brauchen Sie mindestens zwei Kokosnüsse. Das Öffnen einer Kokosnuss gelingt leicht, oft erhalten Sie mit den Nüssen eine Beschreibung.

Die Nüsse vor dem Halbieren am »Kopfende« öffnen und das Kokoswasser auslaufen lassen. Eine halbierte Nuss bis zum Servieren oder für eine weitere Verwendung kalt stellen. Von der anderen halbierten Nuss das Fruchtfleisch auslösen und fein hacken, es sollte etwa 200 g Fruchtfleisch ergeben. In einer großen Schüssel mit der Milch gut durchmixen.

Die Kokosmilch zugießen und den Vanillezucker zugeben. Das Mark der Vanilleschote auskratzen, Vanillemark und Rohrzucker unterrühren.

In Formen füllen, Stiele einlegen und für mindestens 5 Stunden gefrieren lassen.

Für 4 Portionen: 2 frische Kokosnüsse · 300 ml Milch · 400 ml Kokosmilch · 1 TL Vanillezucker · 1 Vanilleschote · 1 EL Rohrzucker · 1 Fläschchen Sex on the beach, eisgekühlt · zerstoßenes Eis nach Belieben

Sex on the beach in einer gekühlten Kokosnuss-hälfte mit zerstoßenem Eis und Strohhalmen reichen. Dazu dann das Eis in der anderen Hälfte servieren – und die Südsee ist überall.

Brombeer-Curaçao-Freezer

Die Brombeeren verlesen und waschen. Einige schöne Früchte (etwa 100 g) beiseitelegen, die übrigen fein zerdrücken und mit etwas Puderzucker und einem Teil Mineralwasser pürieren.

Den Apfel schälen, vierteln, entkernen und fein raspeln. Unter das Brombeerpüree ziehen, den restlichen Puderzucker zufügen und mit dem übrigen Mineralwasser aufgießen.

Die Brombeermischung mit der Hälfte des Curaçaos anreichern und die Formen etwa zur Hälfte mit der Mischung füllen. Für 1 Stunde ins Gefrierfach legen. Währenddessen die Minze waschen, trocken schütteln und die Blättchen abzupfen.

Die Formen aus dem Gefrierfach nehmen und die ganzen Brombeeren und die Minzeblättchen in das halbgefrorene Eis legen. Die Stiele mittig platzieren und mit Minzeblättchen bedecken.

Den restlichen Curaçao vorsichtig über das Eis geben, ggf. etwas mehr verwenden, die Beeren sollten bedeckt sein. Alles wieder für etwa 4 bis 5 Stunden ins Eisfach legen.

Für 6–8 Portionen: 500 g Brombeeren · 150 g Puderzucker · 500 ml Mineralwasser · 1 Apfel (Granny Smith) · 4–8 cl Blue Curaçao (nach Belieben) · 2 Stängel Minze

Ob Sie die Brombeeren selbst sammeln oder kaufen, bleibt Ihnen überlassen. Der Überraschungseffekt lohnt die etwas aufwendigere Zubereitung dieses auffälligen Sundowners!

Geeiste Kürbis-Pops mit Prozenten

Den Kürbis halbieren, entkernen und mit der Schale in Würfel schneiden. Den Ingwer schälen und reiben. Küchenhandschuhe anziehen und die Chilischote halbieren, entkernen und sehr fein schneiden.

In einem Topf das Öl erhitzen und Kürbis, Ingwer und Chilischote darin kurz andünsten. Mit der Gemüsebrühe ablöschen und für 30 Minuten köcheln lassen, die Mischung sollte reduziert sein. Danach alles fein pürieren und mit Zimt, Zucker und Salz abschmecken.

Die Sahne halbsteif schlagen und unterheben, den Wodka zugeben. Die Creme in Formen füllen, Stiele einlegen und für mindestens 5 Stunden ins Gefrierfach legen.

Für 4 Portionen: 500 g Hokkaido-Kürbis · 40 g frischer Ingwer · ½ rote Chilischote · 4 EL natives Öl · 800 ml Gemüsebrühe · 1 TL gemahlener Zimt · 1 EL Zucker · 1 Prise Salz · 100 g Sahne · 5 cl Wodka

Dieses gehaltvolle Kürbiseis ist eine leichte Mahlzeit. Mit getoastetem Brot und einem frischen Wein am Abend im Garten, auf der Terrasse oder dem Balkon genießen!

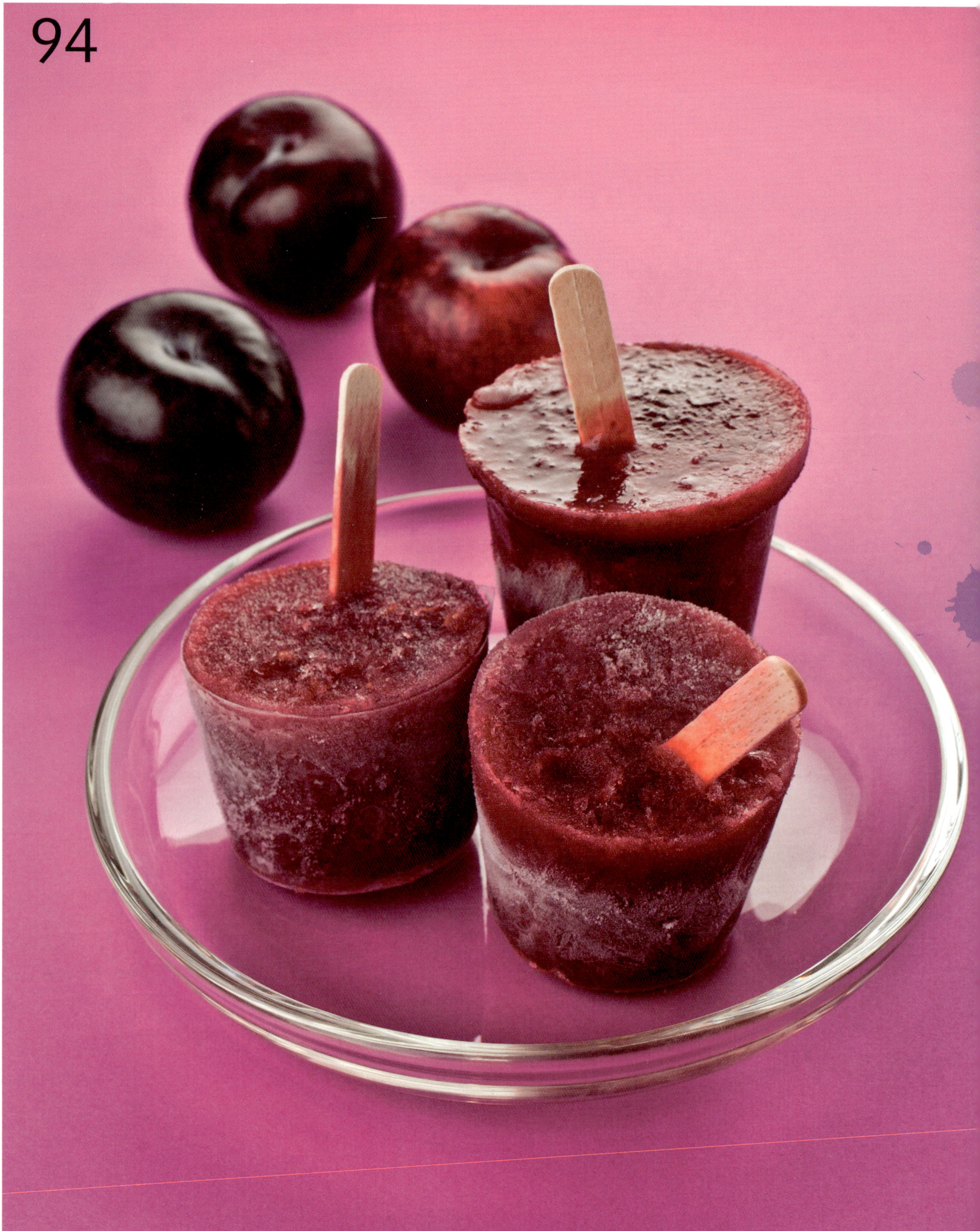

Eiskaltes Zwetschgenwässerli

Die Pflaumen waschen, trocken reiben, halbieren und entkernen. Das Fruchtfleisch sehr fein hacken und dabei den Saft auffangen.

Alles mit einem Teil Heidelbeersaft gut durchpürieren, das Püree mit dem restlichen Saft auffüllen. Zucker und Piment unterrühren, als Finale das »Wässerli« zugeben.

In Formen füllen, Stiele einlegen und für mindestens 5 Stunden ins Gefrierfach legen.

Pflaumen, Heidelbeersaft und Piment verleihen diesem Frozen Pop ein besonders intensives Aroma, das durch das »Obstwässerli« noch verstärkt wird.

Für 4–6 Portionen: 1 kg runde, saftige rote Pflaumen · 400–500 ml Heidelbeersaft · 150 g Rohrzucker · ½ TL gemahlener Piment · 10 cl Zwetschgenwässerli (40 %)

Am frühen Abend als Aperitif genießen und das Essen mit einem Gläschen purem »Wässerli« abschließen – eine runde Sache.

Vanillin Zucker

Serviervorschlag

Sahnigen

MIT SAHNE, CREMES & SCHÄUMEN

Ebony & Ivory

EBONY

Die Schokolade fein hacken, in einen kleinen Topf füllen und im Wasserbad schmelzen lassen.

In einem Topf die Eigelbe mit der Milch verrühren. Unter ständigem Rühren erwärmen, bis die Mischung etwas anzieht, aber nicht kochen.

Die Schokolade und den Zucker unterrühren, das Kakaopulver darübersieben und mit dem Pfeffer ebenfalls unterrühren. Die Sahne fest schlagen und vorsichtig unter die Creme heben. In Förmchen füllen, Stiele einlegen und mindestens 5 Stunden gefrieren.

Für 4 Portionen: 150 g Zartbitterschokolade · 2 Eigelb · 100 ml Milch · 20 g Rohrzucker · 1 EL Kakaopulver · 1 TL gemahlener schwarzer Pfeffer · 150 g Sahne

IVORY

Die Schokolade fein hacken, in einen kleinen Topf füllen und im Wasserbad schmelzen lassen.

In einem Topf die Eigelbe mit der Milch verrühren. Unter ständigem Rühren erwärmen, bis die Mischung etwas anzieht, aber nicht kochen.

Die Schokolade, den Puderzucker und den Pfeffer in die Creme rühren. Die Sahne fest schlagen und unterheben. In Förmchen füllen, Stiele einlegen und mindestens 5 Stunden gefrieren.

Für 4 Portionen: 150 g weiße Schokolade · 2 Eigelb · 100 ml Milch · 20 g Puderzucker · 1 TL gemahlener weißer Pfeffer · 150 g Sahne

Walnuss-Pistazien-Vanille-Verführung

Die Sahne mit der Milch und dem Zucker aufkochen, bis sich der Zucker aufgelöst hat.

Die Eigelbe unter ständigem Rühren hinzufügen. Das ausgekratzte Mark der Vanilleschote ebenfalls gleichmäßig in die Flüssigkeit rühren. Abkühlen lassen.

Die Pistazien und die Walnusskerne grob hacken und unter die Creme heben.

Die Creme in Formen füllen, Stiele einlegen und die Pops für mindestens 5 Stunden ins Gefrierfach legen.

Für 4 Portionen: 150 g Sahne · 150 ml Milch · 120 g Zucker · 2 Eigelb · ½ Vanilleschote · 60 g Pistazien · 10 Walnüsse

Dieses selbstgemachte Sahneeis toppt jedes gekaufte Eis am Stiel!

Caffè Crema

Die Milch mit dem Rohrzucker aufkochen, Espresso zugießen.
Unter ständigem Rühren Eigelbe, Kardamon und Zimt zufügen. Dann abkühlen lassen.
Die Sahne steif schlagen und vorsichtig unter die abgekühlte Flüssigkeit heben. Die Creme in Formen füllen und für mindestens 5 Stunden gefrieren.

Für 4 Portionen: 100 ml Milch · 100 g brauner Rohrzucker · 2 frisch gebrühte Espresso · 3 Eigelb · ½ TL gemahlener Kardamom · 1 Prise Zimt · 100 g Sahne

Diese süßen »Bomben« mit einem Schlag Sahne und Zimtstangen servieren – sie stellen jeden Eiskaffee locker in den Schatten!

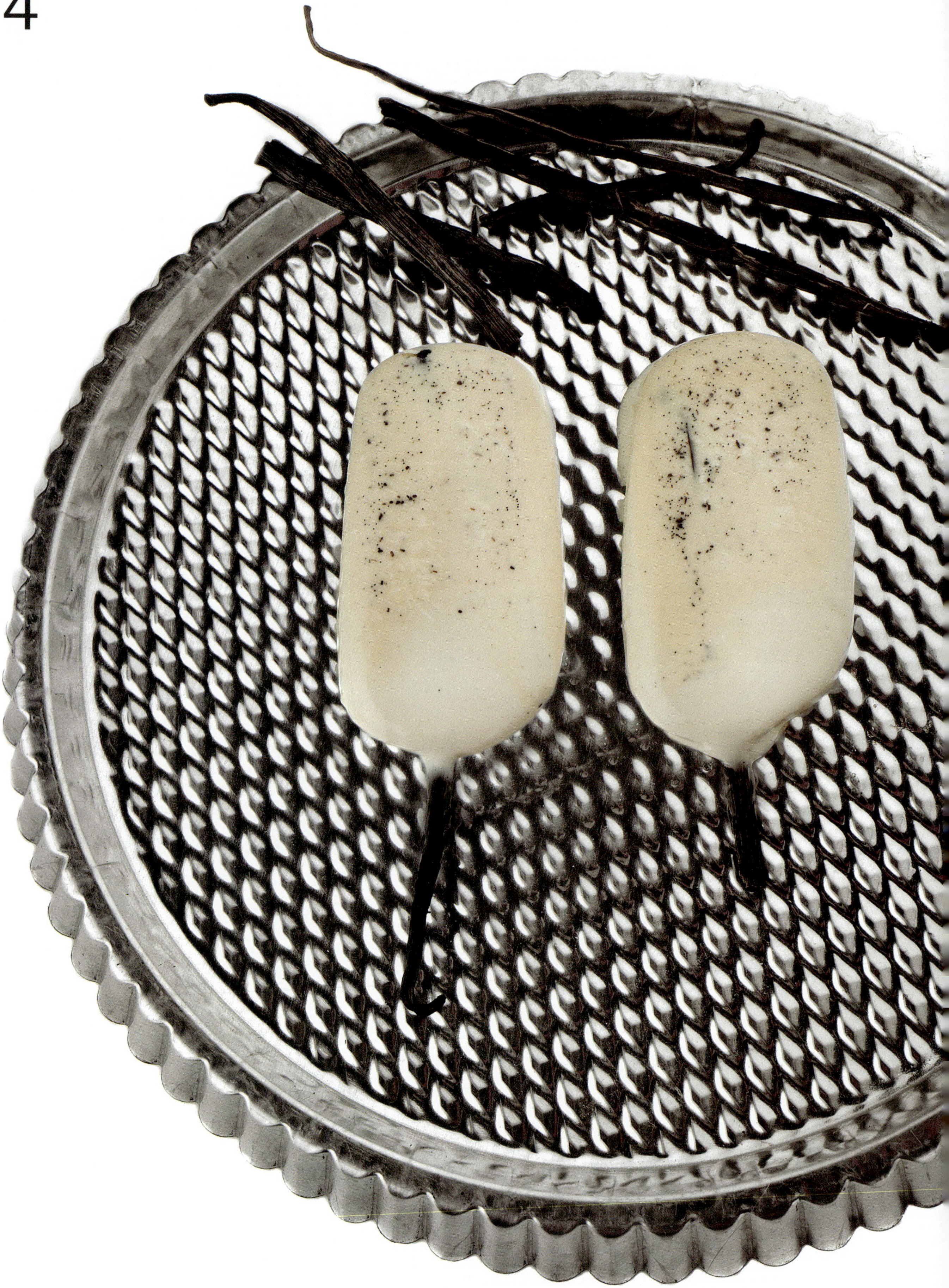

Vanille-Sahne-Pops

Den Vanillejoghurt mit der Sahne cremig aufschlagen. Den Puderzucker in die Creme sieben. Die Vanilleschoten auskratzen und das Mark in die Vanillecreme geben, gut verrühren. In Formen füllen und die ausgekratzten Vanilleschoten als Stiele einlegen. Für mindestens 5 Stunden in das Gefrierfach legen.

Für 4 Portionen: 500 g Vanillejoghurt · 200 g Sahne · 200 g Puderzucker · 2 Vanilleschoten zzgl. 2 ausgekratzte Schoten* für die Stiele

Die Vanilleschoten können Sie natürlich nicht wie Holzstiele benutzen – sie sind aber ein echter Hinkucker.

*Verwenden Sie zwei zuvor fürs Kuchenbacken oder andere Zwecke ausgekratzte Schoten oder nutzen Sie deren Mark, um mit Zucker Vanillezucker für Ihren Vorrat herzustellen.

Mascarpone-Schoko-Eisvergnügen

Mascarpone locker aufschlagen. Die Schokolade in kleine Würfel brechen oder schneiden. Die Sahne steif schlagen und unter die Mascarpone heben.

Den Vanillezucker einrieseln lassen und die Schokoladenstückchen zugeben. In Formen füllen und für mindestens 5 Stunden ins Gefrierfach legen.

Für 4 große oder 6 kleine Portionen: 300 g Mascarpone · 100 g Schokolade (nach Belieben Vollmilch oder Zartbitter) · 100 g Sahne · 1 P. Vanillezucker · Schokoladenhohlformen zum Anrichten

Die gehaltvollen Zutaten dieser Genussbombe sprechen für sich – mmmh!

Vanille-Zimt-Physalis-Cups

Die Sahne mit der Milch und dem Zucker aufkochen. Das Vanillemark auskratzen und in die heiße Flüssigkeit rühren, bis es gleichmäßig verteilt ist.

Zimt und Eigelbe unter ständigem Rühren zugeben, es soll eine homogene Creme entstehen. Abkühlen lassen.

Die Physalis von ihren trockenen Blättern befreien und zehn Früchte sehr fein pürieren, alternativ mit einer Gabel sehr fein zerdrücken. Das Fruchtfleisch in die abgekühlte Flüssigkeit rühren. Die übrigen Physalis für die Dekoration beiseitelegen.

Die Fruchtcreme in Formen füllen und als Stiele stabile Zimtstangen platzieren. Für mindestens 5 Stunden gefrieren lassen.

Für 4 Portionen: 150 g Sahne · 150 ml Milch · 150 g Zucker · 1 Vanilleschote · ½ TL Zimt · 2 Eigelb · 14 Physalis (Kapstachelbeeren) · Zimtstangen als Stiele

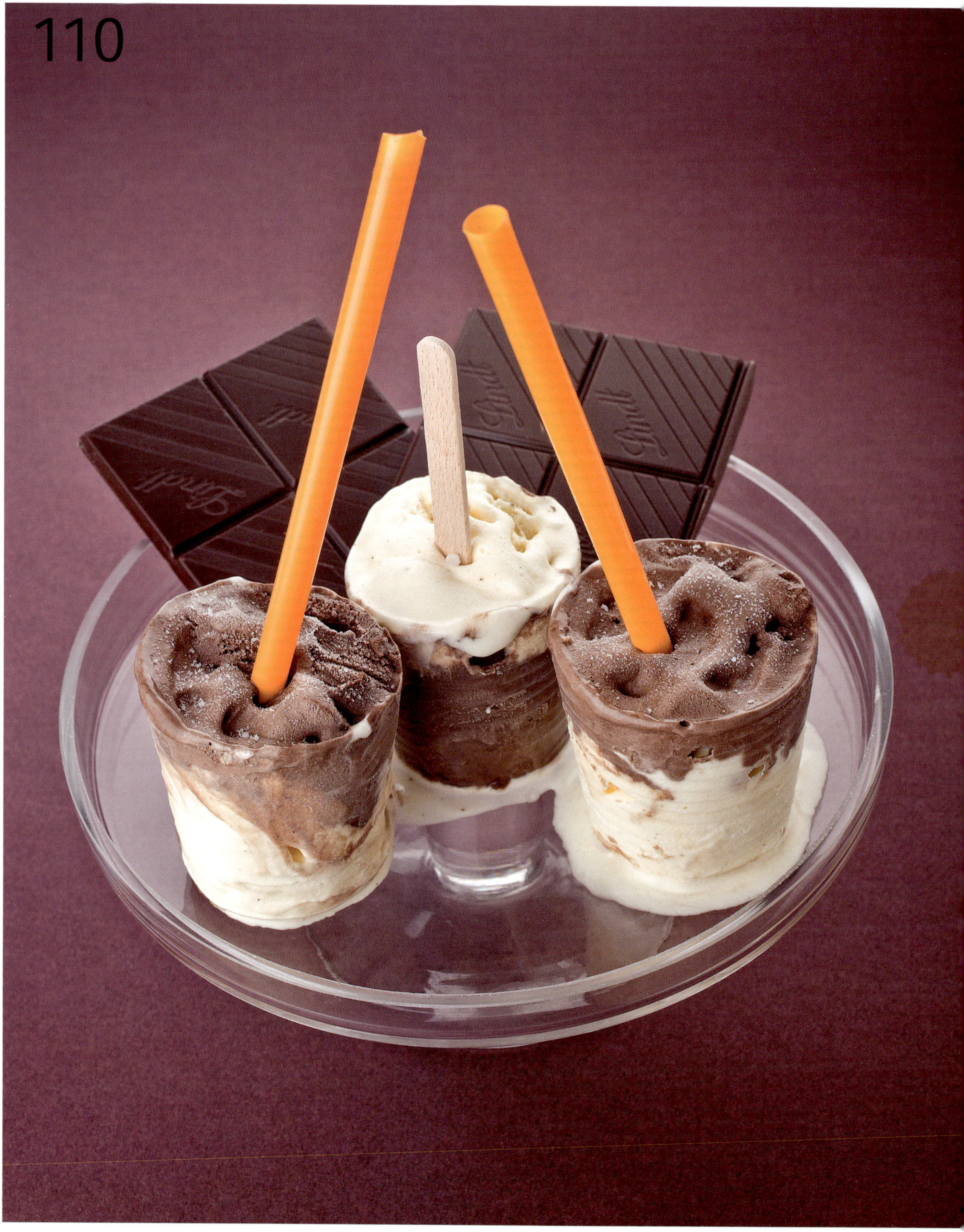

Marmorierter Vanille-Eistraum

Die Vanilleschote auskratzen und in einem Topf das Mark mit der Milch kurz aufkochen lassen. Für 5 Minuten weiterköcheln lassen, vom Herd nehmen. Das Eigelb in etwas Milch verrühren und dann in die Milch im Topf geben.

Die Sahne steif schlagen. Eine Hälfte davon mit 50 g Puderzucker unter die Vanillemilch heben. Die andere Hälfte der Sahne mit 50 g Puderzucker in den Kakao rühren, kalt stellen.

Die Formen zuerst mit der Milchmischung füllen und ins Gefrierfach stellen. Nach gut 1 Stunde die Kakaomischung zufügen. Dabei mit Hilfe einer Gabel ein Marmormuster hineinziehen. Dann die Stiele einlegen und für weitere 4 Stunden einfrieren.

Für 4 Portionen: 1 Vanilleschote · 100 ml Vollmilch zzgl. etwas zum Anrühren · 1 Eigelb · 100 g Sahne · 100 g Puderzucker · 100 ml kalter Kakao

Ein Genuss für Schleckermäuler!

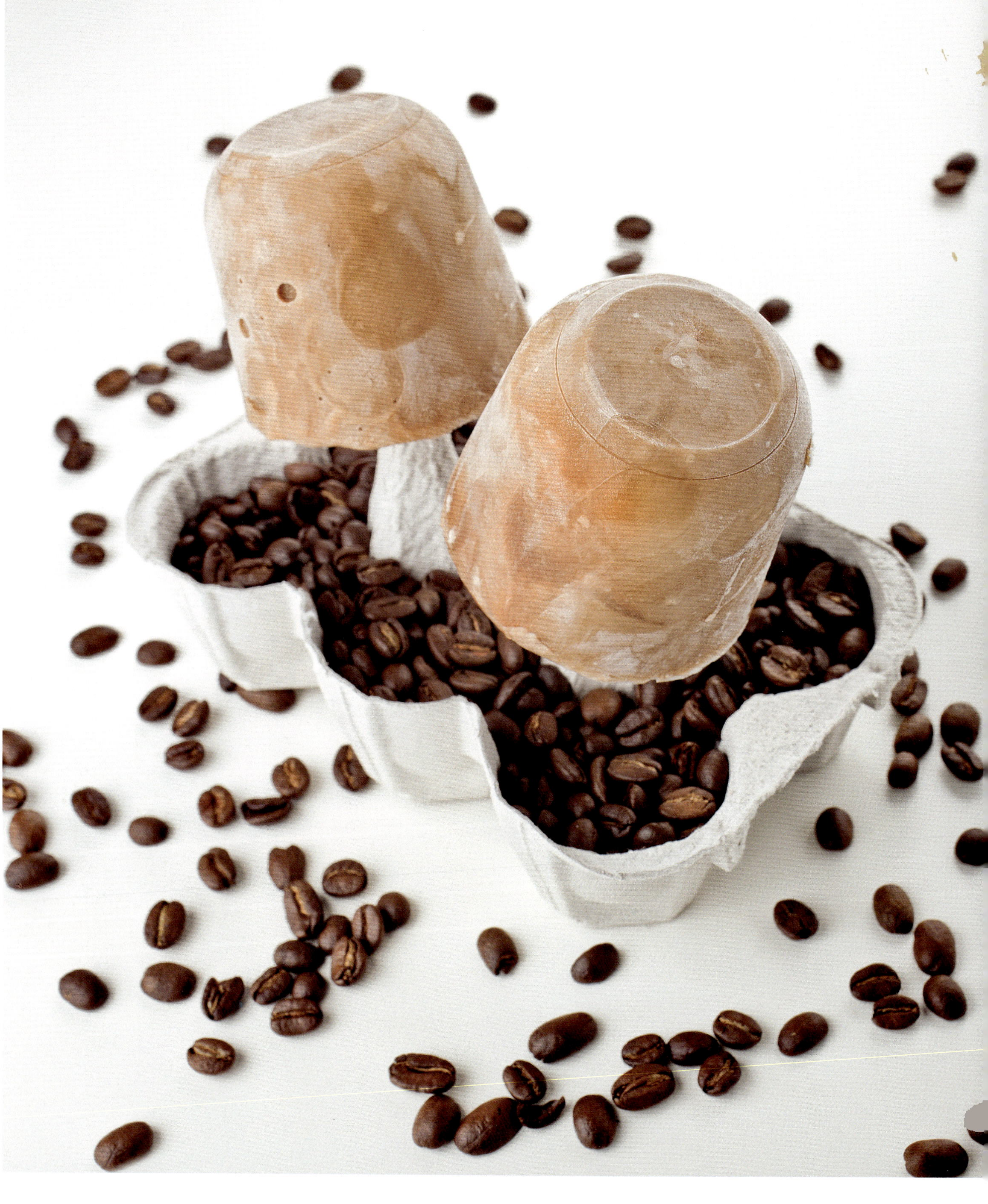

Eiskalter Kaffeeklatsch

Die Sahne gut steif schlagen und dabei den Zucker einrieseln lassen.

Die Eier schaumig aufschlagen und unter den abgekühlten Espresso heben. Mit Kardamom und Pfeffer würzen.

Die Ei-Espresso-Mischung unter die Sahne ziehen und den Joghurt unterheben. In Formen einfüllen und für mindestens 5 Stunden gefrieren lassen.

Für 4 Portionen: 150 g Sahne · 80 g Zucker · 2 Eier · 2 frisch gebrühte Espresso · 1 Prise Kardamom · 1 Prise schwarzer Pfeffer · 150 g Vanillejoghurt

Dazu ein Stückchen Kuchen und der Nachmittag könnte nicht schöner sein ...

Joghurt-Nussnougat-Shock

Den Joghurt mit dem Honig und dem Zucker schön cremig rühren. Die Nussnougatcreme unterheben und alles locker-schaumig aufschlagen, das ergibt ein Muster.

Die Vanilleschote sorgfältig auskratzen und das Mark gut unter die nussige Mischung heben.

In Förmchen füllen, die Stiele platzieren und für mindestens 5 Stunden im Eisfach gefrieren lassen.

Für 6–8 Portionen: 450 g griechischer Joghurt · 4 EL Honig · 2 EL Zucker · 150 g Bio-Nussnougatcreme · 1 Vanilleschote

Sweet as sweet can be!

Schoko-Sahne-Eissterne

Auf einer Platte oder einem Teller, der ins Gefrierfach passt, mit vier sternförmigen Ausstechern die Schokoladenwaffeln »in Form« bringen und mit den Förmchen liegen lassen. Die Waffeln dienen als Boden.

Die Schokolade zerbrechen oder grob hacken und in einen kleinen Topf geben, im Wasserbad schmelzen. Die flüssige Schokolade in die Sternformen auf die Waffeln gießen und erkalten lassen.

Wenn die Schokolade fest geworden ist, die Sahne gut steif schlagen und dabei den Zucker und den Zimt einrieseln lassen. Die Sahne in die Sternform auf das Schokoladenbett streichen.

Den Stiel vorsichtig platzieren und die Eissterne für 5 Stunden ins Gefrierfach geben. Vor dem Servieren dick mit Kakaopulver bestreuen.

Für 4 Portionen: 4 Schokoladenwaffeln · 200 g Zartbitterschokolade · 250 g Sahne · 150 g Zucker · 1 Prise Zimt · Kakaopulver zum Bestreuen

Mit einem Stück weißer Schokolade ein himmlischer Genuss.

Eisige Frucht-Sahne-Variationen

APRIKOSEN-SAHNE-VERSUCHUNG

Die Sahne sehr steif schlagen, dabei den Puderzucker einrieseln lassen. Den Vanillezucker und den Muskat einstreuen.

In vier Formen zuunterst die Aprikosenmarmelade verteilen. Darauf die gewürzte Sahne geben und alles für mindestens 5 Stunden ins Gefrierfach stellen.

Nicht für Kalorienzähler geeignet – aber soooo köstlich!

Für 4 Portionen: 400 g Sahne · 150 g Puderzucker · 1 P. Vanillezucker ·
1 TL frisch gemahlener Muskat · 4 EL Aprikosenmarmelade

HIMBEER-PFEFFER-SAHNE-TRAUM

Die Sahne sehr steif schlagen und dabei den Puderzucker einrieseln lassen. Mit Vanillezucker abschmecken.

In die Hälfte der Sahne mit einem Esslöffel die Himbeermarmelade gut unterrühren. So bekommt sie eine rosarote Farbe. Den grünen Pfeffer unterheben.

Zuerst diese Mischung in die Formen geben und dann die weiße Sahne darauffüllen. Ab damit ins Gefrierfach und nach 5 Stunden mit Himbeeren dekoriert genießen.

Kalorien, die eine kleine Sünde wert sind …

Für 4 Portionen: 400 g Sahne · 150 Puderzucker · 1 P. Vanillezucker · 4 EL Himbeermarmelade ·
1 TL frisch gemahlener grüner Pfeffer · Himbeeren für die Dekoration

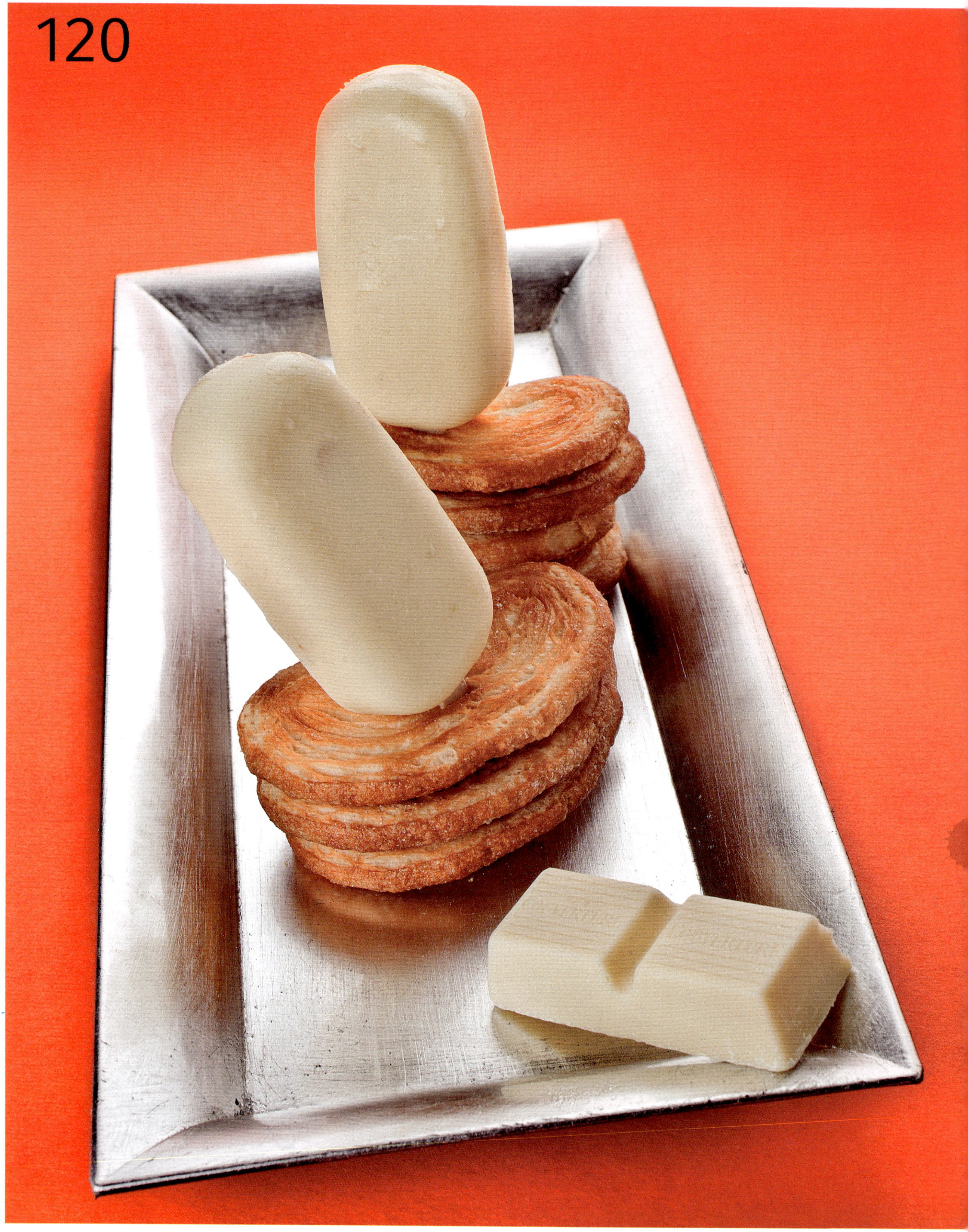

Schneewittchen

Die Schokolade grob zerbrechen oder hacken. In einen kleinen Topf füllen und im Wasserbad schmelzen, dann etwas abkühlen lassen.

In einer Schüssel die Sahne steif schlagen und die Schokolade vorsichtig unterziehen. Die gemahlenen Mandeln, den Vanillezucker und den Kardamom unterheben.

In Eisformen füllen und die Stiele einstecken. Ins Gefrierfach geben und 5 Stunden auf den süßen Genuss warten.

Für 4 Portionen: 200 g weiße Crispy-Schokolade · 400 g Sahne ·
100 g gemahlene geschälte Mandeln · 1 P. Vanillezucker · ½ TL gemahlener Kardamom

Eisig, weiß, süß!!!

Zum guten

Schuss

Rezeptverzeichnis

Danke!

Bedanken möchte ich mich bei meinem Kreativ-Team Dana, Iris und Sabine Durdel-Hoffmann, die wie immer »alles Quere gerade gemacht haben« – ohne sie gäbe es kein so schönes Buch!

Ebenfalls ein Dankeschön geht an die Mannschaft vom Fackelträger Verlag, die sich mutig mit mir ins eisige Vergnügen gestürzt hat.

TEXTE, REZEPTE, FOOD-DESIGN
Doro van Zandt, Wiesbaden

FOTOS & BILDBEARBEITUNG
Iris Kaczmarczyk, Wiesbaden

TEXTREDAKTION & LEKTORAT
Sabine Durdel-Hoffmann, Essen

GESTALTUNG
Dana Kula, Dipl.-Designerin (FH), Wiesbaden

Alle Angaben in diesem Werk wurden sorgfältig erarbeitet. Dennoch erfolgen alle Angaben ohne Gewähr. Die in diesem Buch enthaltenen Informationen sind weder völlig umfassend noch verbindlich. Verlag und Autoren haften nicht für eventuelle Nachteile und Schäden, die aus den im Buch gemachten praktischen Hinweisen und dem Genuss genannter Nahrungsmittel resultieren. Rezepte mit Alkohol sind nicht für Kinder und Jugendliche geeignet.

© 2014 Fackelträger Verlag GmbH, Köln
Emil-Hoffmann-Str. 1
D-50996 Köln
Alle Rechte vorbehalten

Gesamtherstellung:
VEMAG Verlags- und Medien AG, Köln

ISBN: 978-3-7716-4560-1

www.fackeltraeger-verlag.de